まわり道を生きる言葉

大村智

草思社

まわり道を生きる言葉

よい言葉は眼や耳から摂取する栄養である
口から入るものは
身のためにならないことがあるが
眼や耳から入ったよい言葉は
心身の害になることはない

はじめに

本書は、私の人生の諸々の出会いで思ったことや、先人の遺した言葉の中で、私と波長が合い、振幅が増強されたものを書き留めたものである。

私には生来蒐集癖があるようで、幼少の頃から、新聞や雑誌、カレンダーなどに載っている絵で気に入ったものを切り抜いて取っておいた。それは文字でも同じで、本を読んでは感銘を受けた言葉を、人と会ってはその人が発した言葉を、また、自らの心に浮かんだ言葉などを手帳に書き留めていた。そんな私を周囲の人は「メモ魔」と呼んだものだ。

言葉の蒐集については、長いこと「自分は人よりも遅れている」という気持ちが強かったことも影響していたと思う。

　大学を卒業した後、私は東京の定時制高校の教諭となった。あるとき試験をしていると、一人の生徒が教室に飛び込んできた。見ると、手に機械油が付いていて、手を洗う時間も惜しんで試験問題に向かっていた。「こんなに一所懸命に勉強しようとしている生徒がいる。一方の私は、子どもの頃は農業を営んでいた両親の手伝いばかり。この人たちと同じ年齢の頃はサッカーだ、スキーだとスポーツに明け暮れていたな」――そう考えると、心穏やかではいられなかった。

　教諭になって二年目、私は勉強をやり直そうと、昼間の時間を使って東京教育大学（現・筑波大学）理学部の聴講生となった。その後、さらに本格的に勉強したくなって東京理科大学大学院理学研究科に進学した。大学院では、2年間の研究成果が某国立大学の教授に先に発表されてしまい、二番煎じの修士論文に納得できず、指導教授に頼んで1年留年し、新しいテーマで研究を完成させ、大学を卒業して五年目にようやく修士課程を修了、定時制高校の教諭を辞めて研究の道に入った。そのようなまわり道をしていたわけで、私には絶えず「自分は人よりも遅れている」という恐怖心があったのだった。それが、私が時間さえあれば読書をし、言葉を蒐集するようになったきっかけである。

よい書物を読むと、自分ではうまく言語にできずにいた物事の本質を、数千年前に生きていた人がズバリと言語化していることがある。ある分野の専門家の言葉が、その道の真理を追体験させてくれることもある。そのような言葉に触れたとき、学問において人より遠まわりしていると感じていた私は、その遅れを少し取り戻せたような気持ちになった。

しかし、手帳にボールペンでメモ書きしたくらいでは、やはり忘れてしまう。あるとき、思想家・安岡正篤《やすおかまさひろ》の『百朝集《ひゃくちょうしゅう》』という書の中に、「六中観《りくちゅうかん》」という項があり、その六番目に「腹中有書（腹中、書有り）」という言葉を見つけた。腹の中に書、すなわち信念・哲学があり、座右の銘、愛読書を持っていること――という意味である。なるほど、と腹に落ちたので、私も「腹中有書」と名付けた言葉専用のノートブックを作り、そこに言葉を書き留めることにした。すると、これまで以上に自分の中に言葉が染み込んでくるような感じがした。

いつしか、「腹中有書」に言葉を書き留めるときは、山梨県韮崎市にある生家の静かな環境で姿勢を正して机に座り墨で書くということが、私の習慣となった。筆だと集中して書かねばならないから、言葉がより自分の中に入ってくる感じがする。以前、臨済宗の高僧・松原泰道《まつばらたいどう》さんが、「よき人生は日々の丹精にある」と言っておられた。よき人生を送るために言葉を書き留めるなら、その際は「丹精を込めて書く」ということも大事であろう。

そうやって言葉を書き連ねた「腹中有書」は、四十年余りで三冊に増えた。自分で書いたからには、その言葉を必ず実践した。熟成された言葉が実践を経て自らの語彙となったとき、私は以前より深く思索ができるようになっていた。また、自分が考えていることを人にうまく伝えられるようになり、人の気持ちもよく酌み取れるようになったと感じた。「自分は人よりも遅れている」という気持ちが強くあった私だが、人生のあらゆるシーンで「腹中有書」に書き留めた言葉に支えられ、やがて、齢八十にして、ノーベル生理学・医学賞を受賞したのだった。積み重ねというものはばかにできない。「よい習慣は、才能を超える」というのは、私が身をもって得た哲学の一つである。

人間が生物である以上、年を取るとその生理としてどうしても記憶力は低下するし、物を考えたり話したりするスピードも落ちてくる。しかし、そんな中で「腹中有書」は、私の二つ目の脳として今日も実によく働いてくれている。

ノーベル生理学・医学賞を受賞した後、私は多忙な中でも思うままにエッセイを書き、多くの方々からインタビューを受け、年に五十回を超える講演をしてきた。このようなことができたのも、手許に言葉のコレクションがあったからだ。

エッセイの原稿に締め切りがあるように、人間にも締め切りがあって、その一生は長くても百年くらいで終わる。私の人生もそろそろ終わりの方にきているから、私が半生を通して蒐集した言葉の中から、特に人が生きるのに役に立つと思われるものを選び、私なりの解説を加えて、一冊の本として伝え遺しておくことにした。私の思想に最も影響を与えたのは、忙しくしていた両親に代わって幼少の私の面倒を見てくれていた祖母である。その祖母から何度も言われた、「人のために役立つことをしなさい」という言葉に従ってのことだ。

言ってみれば、この本は一人の化学者の私的な備忘録にすぎない。しかし、「腹中有書」を手に携えて歩んだ半生を振り返ってみて、そこに書き留めた数々の言葉には普遍的な価値があり、これを伝えることは多くの人の役に立つという確信が私にはある。

ある言葉は、「なるほど」と共感いただけることだろう。また、ある言葉は、奇妙に受け取られるかもしれない。いくつかの言葉は、まるで逆のことを言っている。年齢によって、感じ方が変わる言葉もあるだろう。それでいいと思う。本書のどこかに一つでも、誰かが生きるのに役に立つ言葉があれば幸いである。

本書は、どこを開いても、どこから読んでいただいてもよい。余白を多めにとってあるから、本書を読んでいて思いついたことをページの中に自由に書き込んでほしい。気に入った言葉があるページには付箋を付けて、何度も読み返してほしい。優れた言葉は、優れた芸術作品のように何度も反芻して味わうといい。

もちろん、読んだり書いたりするだけでなく、自らその言葉が言うように生きてみる。その言葉と波長が合ったと感じれば、身をもって（躬）実行する——「実践躬行《じっせんきゅうこう》」する。

最終的には本書を足がかりにして、あなただけの「腹中有書」を作り、あなた自身の人生から生まれた言葉もそこに記していってほしい。

たった一つの言葉を持っているかどうかによって、その人の人生が豊かになるか貧しくなるかが決まる。人は、よい言葉に出会うと、その言葉に導かれて人生の歩みが変わるのだ。

二〇二四年七月

大村　智

目次

第1章

人生で生きる言葉

一期一会とまわり道

私は化学研究を仕事としている。研究者というと、一般的には自分の専門領域について探究をする人というイメージがあるだろう。実際にそのような側面も多分にあるが、だからこそ、私は意識的に、芸術やスポーツなど、自分が専門とする化学とは異なる領域の専門家たちと絶えず会って話したり、彼ら（その中には数百年、数千年前に生きた人も多い）の著した書物を読んだりするようにしてきた。

彼らの話す言葉に耳を傾け、彼らの紡いだ言葉を眼で読み、波長が合った言葉があれば、チャンスとばかりに「腹中有書」に書き留める。

書き留めた言葉は、努めて実践する。こうすると、一つの物事に固執しない柔軟な思考を養うことができ、何か大きな困難が眼前に立ちはだかっても別の見方で解決できるようになる。このことを、私はいつしか身をもって知るようになった。

人や言葉との出会いにおいて私が特に大切にしているのが、それが「一期一会」であるということだ。日本の茶の湯で尊ばれているこの哲学は、他者を思いやる心を大事にする。また、ある瞬間のある出来事は二度と起きないと考え、訪れたチャンスはしっかりとつかみ取ろうとする。

私は半世紀以上にわたり、出会った人、出会った書物、そこにある言葉、すべての縁に対してこの「一期一会」を実践し、友好を深めてきた。

八十歳でノーベル生理学・医学賞を受賞するまでの私の人生の道のりは、決してまっすぐではなかった。研究者としての私は、定時制高校の教諭をしながら大学院に入って勉強をやり直し、教諭を辞めて化学研究の道を進むというものだった。一般的な研究者よりもずっと遠まわりのルートを通ってきたから、それなりの苦労もあった。

しかし、そのような人間でも人のためになる仕事ができたのは、まわり道をしたことで、より多くの人と会い、多くの言葉と接する機会が得られたからだろう。今、振り返ってみると、どの縁も、私が事を成すために必要不可欠なものだったと分かる。それらのさまざまな縁を、「一期一会」という言葉に従ってすべて大事にしてきたのがよかった。このことは、ノーベル賞の受賞講演で、私の韮崎の生家で茶会を開いたときの写真を使って、世界に紹介した。

人より遠まわりしていなければ、必死に勉強をやり直すことも、たくさんの書物を読むこともなかっただろう。言葉の蒐集もしなかっただろうから、私の人生をよい方向に導いてくれる言葉の多くを知らずにいたかもしれない。そして、「一期一会」という言葉を知ることがなければ、私が人や言葉などのさまざまな縁からよい影響を受けることもなかったはずだ。

まわり道は、必要な道のりだった。「一期一会」を実践しながら歩むまわり道こそが、私が人の役に立つ存在になるための一番の近道だったのである。

人生は
ほんの少しの言葉で
豊かになるか　貧しくなるか
決まる
「ありがとう」「すみません」
「おめでとう」「おかげさまで」

日本人は、「おかげさま」という素晴らしい言葉を使う。響きに柔らかさがあり、「サンキュー」という一言には含むことのできない日本特有の優しさがある。孔子（紀元前五五二〜紀元前四七九年）は『論語』の中で、「思いやる心が人生を歩んでいく中で大事である」と説いている。この思いやりの心は、言葉として積極的に口にすることが大切だ。相手に、「自分に気を遣ってくれているのだな」「自分を見てくれているのだな」ということがよく分かってもらえるからだ。やがてその気遣いは自分にも返ってきて、自分自身の幸せにもつながる。

人としゃべる際の三つの鉄則

一、何か言うことを持つ
二、それをしゃべる
三、言ってから黙っておく

人には「承認欲求」というものがある。ゆえに会話の際には、注意をしていないと自分のことばかりを話し続けてしまう。しかし、それでは相手が退屈になってしまい、本当に言いたいことや心が伝わらない。

敬神崇祖《けいしんすうそ》

「命をつないでくれたご先祖様に感謝し、また、その命を育み、守ってくれた大自然とそこに宿る神様に感謝する」という意味である。今の世の中には、先祖を敬い子孫を思いやることこそ最も必要ではないだろうか。私がたびたび色紙などに揮毫《きごう》している言葉である。

良い縁がさらに良い縁を尋ねて
発展していく様は
誠に妙なるものがある
——これを縁尋機妙《えんじんきみょう》という
また、いい人に交わっていると
良い結果に恵まれる
——これを多逢聖因《たほうしょういん》という
人間はできるだけいい機会、

いい人、いい場所、いい書籍に会うことを考えなければならない

思想家・安岡正篤（一八九八〜一九八三年）の『師と友』にある言葉である。私のエッセイの『縁《えん》尋《じん》機《き》妙《みょう》』（致知出版社）のタイトルは、この前半の部分を取ったものである。

人間にとって一番大切なものは徳である
人を愛する、報いる、
うそを言わない、助ける、
勤勉といったことである
知識、知能、技術は付属的な要素で、
徳性があって初めて
活かされるものである

勉強ができて、試験でいつも満点を取っているだけでは、駄目なのだ。知識や技能があるだけでは、人間として信用されない。

書いた物を読むときと違い人に会い話しをすると心が動く

今や紙の本にとどまらず、インターネットを介してあらゆる情報が読める時代になった。しかし、結局は人と人との交流の中で得られる情報が、一番早くて的確だ。何より、人との会話は喜びである。

一期一会《いちごいちえ》

安土桃山時代の茶人・千利休（一五二二〜一五九一年）の言葉とされている。縁があっても気がつかない人、活かさない人がいる。人生においてはどのような出会いも一生に一度であると心得て、誠意を尽くすことが大切だ。人は往々にして出会いを大切にしない。私はこれまで、出会いを大事にすることに特別に心を砕いてきた。また、「受けた恩は人に刻め」といわれるように、恩を忘れても駄目だ。

年を重ねただけで人は老いない理想を失うとき初めて老いる

アメリカの詩人サムエル・ウルマン（一八四〇～一九二四年）の言葉である。ウルマン著『青春とは、心の若さである。』（作山宗久訳、角川ソフィア文庫）より。「理想を持って生きる」ということは、ボケない条件でもある。

小才は縁に出合って縁に気づかず
中才は縁に気づいて縁を生かさず
大才は袖すり合った縁をも生かす

江戸時代初期の剣術家、新陰流の達人、柳生宗矩《むねのり》（一五七一～一六四六年）の言葉である。人はさまざまな人と出会いながら生活しているが、出会いを大切にする人とそうでない人とでは、その後に送る人生の豊かさが大きく異なってくるものだ。人と出会ったときは、それが最後かもしれないと心得て、思い残すことのないように誠意を尽くしたい。

高い志を持つ者には人々との出会いを大事にすることで思わぬ道が開けてくる

私の研究者としての人生は、友人や恩師、共同研究者との出会いに恵まれた。どの方にも誠心誠意を尽くす中で認められ、導かれてきた。さまざまな人々との出会いが、私の人生を楽しく充実したものにしてくれている。

今を重ねて、生ききる

宗派を超えた仏教者の集い「南無《なむ》の会」前会長で臨済宗僧侶の松原泰道氏（一九〇七〜二〇〇九年）からいただいた言葉。今、自分がやれることを面倒に思わずにやる。その積み重ねが人生を生ききることにつながっていくのだ。

望みを捨てない者だけに道は開かれる

二〇二二年の書き初めにした言葉である。万事成功への道は、徒労を積み重ねながらも求め続けることで開かれる。夢も希望も持たない者は、動物としては生きていても人間としては死んでいるといえる。希望を持ち続けることが、豊かな人生を送る秘訣だ。

履道応乾《りどうおうけん》

「一歩身を引き、自分の信ずることを行っていれば、いつか道が開かれる」という意味。安土桃山時代から江戸時代初期の武将・加藤清正（一五六二〜一六一一年）の座右の銘である。

恕《じょ》

「恕」とは、思いやりの心のことである。『論語』の中で、「一生涯貫き通すべき一言はありますか」と弟子の子貢《しこう》に聞かれた孔子の答えが、「恕」であったとされる。ただ、思いやりの心は実行することがなかなか難しい。人の気持ちを酌めるようになるためには、想像力を磨かねばならない。私が今、若い人たちに最も伝えたい言葉の一つである。

思いやりには想像力が必要である

芸術にしろ、科学にしろ、その道で結果を残したいのなら独創性を持つことだ。想像力を育めば、そこから独創性が生まれる。そのために必要となるのが、思いやりの心なのだ。

物思いは
自分の生き方への
反省に至るとともに
そこから新しい一歩を
踏み出させてくれる

私はしばしば、意識的にリラックスをして物思いにふける。すると面白いことに、自分のこれまでの研究をはじめとする仕事のこと、現在の懸案事項、そして将来に向けての研究や事業展開などが実に整然と脳裏に描かれてくるのだった。

自然と芸術は人間をまともにする

豊かな情緒は豊かな自然の中で育つ。コンクリートに囲まれた場所でスマートフォンやパソコンなどにばかり触れていると、人間から情緒が失われていく。すると、物は知っていても人間としてはどんどん小粒になっていき、本当の意味での人間らしさが発揮できなくなってしまう。せっかく自然が偉大なものを持っているのだから、その中に身を置いて物事を考えよう。豊かな情緒からは、本当のアイデアが浮かぶものだ。情緒のある人間がいいものに接すると、それがサッと心に入ってくる。

芸術は人の魂を救い、生きる力を与えるものだ

アウシュビッツから生還して『夜と霧』を書いた精神科医ヴィクトール・E・フランクル（一九〇五～一九九七年）の言葉である。私はどんなに忙しくても、時間を見つけては銀座の画廊をまわり、海外出張先でも必ず美術館に行く。いっとき仕事を忘れて美しい絵のことを想うと、その間に脳の細胞が再生され、仕事のアイデアも湧いてくるのだ。

ストレスの多い人　七か条

一、早口である
二、速く歩く
三、仕事を断らない
四、休みを取らない
五、決定権を握りたがる

六、好き嫌いが多い
七、趣味を持たない

適度なストレスなら「刺激」になってよいのだが、それが過剰になってしまうと悪い影響の方が大きくなる。ここで挙げたストレスを蓄積させがちな七項目は、習慣化してしまう前に、意識して生活の中から取り除くようにしたい。

実践躬行《じっせんきゅうこう》

「自分が言ったことは、身をもって（躬）しっかりと実行しなさい」という意味である。私は幸いなことに、多くの人々に助けられながらいろいろなことを実行し、成功し、遂にはノーベル賞をいただくことができた。これは、この言葉を絶えず意識し、人々から信頼と協力を得られるように努力してきたからだろう。「あれは言うだけで、何もしないよ」と言われるのと、「あの人は言ったからには、きっと実行するよ」と言われるのとでは、人生が大きく分かれる。口先だけではいけない。

信は真心の発露の積み重ねにより形作られるものです

信用を一朝一夕に得ることはできない。信用というものは、人を思いやる言葉や態度を日々積み重ねることによってのみ培われるのだ。

信は永遠の友を作り不信は永劫《えいごう》の仇《かたき》を作る

よい友に恵まれるよう努力をすること。そのためには、自身が人から信用される人物になることを心掛けねばならない。

好悪を問わず、人に誠を尽くすこと

米国ピッツバーグ大学の教育調査資料に書かれている言葉である。思想家の安岡正篤は、「一、初対面に無心で接すること」「二、批評癖を直し、悪口屋にならぬこと」「三、努めて人の美点・良所を見ること」「四、世の中に隠れて、案外、善いことが行われているのに平生《へいぜい》注意すること」の後にこの言葉を配し、「人に嫌われぬための五箇条」としている。

世に処するに一歩を譲るを高しとなす

謙虚な心の大切さを説いた、中国明代末期の儒学者・洪自誠《こうじせい》（生没年不詳）の言葉である。洪自誠が著した『菜根譚《さいこんたん》』より。『菜根譚』は処世哲学書で、別名を『処世修養篇』という。

一人でできることは
限られている
されど
よい仲間を探すことは
むずかしい

どんなに才能があっても、信用がない人はまず成功しない。大きな物事を成し遂げるためには、協業のできるよい仲間が必要だ。よい友や仲間を得るためには、真心を持って人に接することを積み重ねなくてはならない。

楽な道には感動がなく感動を欠く人生は味気ない

人生において最も人間らしい行いは、物事に感動するということだ。感動することは人間のみが神から授かった特典で、それができなければ人間は生きている意味がないだろう。苦難に挑戦してそれを克服すると、身震いして涙の出るような感動を味わえる。八十八年間、いろいろやって失敗もあったが、それなりによい人生を送っていると思う。常に感動してきたからだろう。

飲水思源《いんすいしげん》

「水を飲む者は、その一滴を生み出した源に思いを至らせ」そして、「他人の恩を忘れてはいけない」という意味である。中国の故事成句で、日本人のための高等教育機関であった上海の東亜同文書院大学の「建学の精神」にもなった。

一水四見《いっすいしけん》

「人間にとっての水は、天人にとっては宝の池、餓鬼にとっては燃え盛る血膿《うみ》、魚にとっては住み処《か》であるように、見るものの心が違えば対象も違って見える」という意味。大乗仏教の見解の一つ、唯識《ゆいしき》のものの見方である。

心が変われば、態度が変わる
態度が変われば、習慣が変わる
習慣が変われば、人格が変わる
人格が変われば、人生が変わる

何かの書物で読んだ言葉。腹の底にストンと落ちたので、急いで私の「腹中有書」に書き留めた。前述の「一水四見」を理解すると、人生まで変わるということ。

万事成功への道は徒労を積み重ねながらも求め続けることで開かれてくるのです

半世紀以上にわたる私の研究生活では、予想が外れたり、失敗を経験したりすることは日常茶飯事だった。しかし、必ず成功するはずだと信じて、失敗にめげずに努力をしてきた。大変な厳しさを超えたところには、大きな喜びがあった。

心そこにあらざれば
見れども見えず
聞けども聞こえず

私は、「何か少しでも人のために役に立つことはないか」「微生物の力を借りて何かできないか」ということを絶えず考えている。そうでなければ、新物質の発見などできない。

苦痛・苦悩は比較の問題である
上を見、下を見て
一喜一憂するなかれ

すべてにおいて他人を意識している人がしばしば見受けられる。自分が主役の人生なのだから、大事なのは「自分は何をやっているか」という絶対的な評価だ。「持たざるを嘆かず」、他人と自分とを比較することはナンセンスである。

幸運は高い志を好む

若い人たちによく言っている言葉である。私は「世の中の役に立ちたい」という志を持って研究を続けてきた。すると思いがけず、ノーベル生理学・医学賞という「幸運」が舞い込んだのだった。

大成した人々は誰よりも多くの失敗を重ねていると思います

一度や二度の失敗で物事を諦めてしまう人が多い。しかし、特に若い人には、失敗をしても「まだまだ失敗が足りない」と考えて、物事に取り組んでほしい。失敗の最たるものは、その失敗から何一つ学ばないことである。

将《おく》らず、迎えず、応じて蔵《おさ》めず

「過ぎたことにとらわれず、先のことを取り越し苦労せず、何か起きたら直ちに対応してそのことにいつまでも煩わされないことだ」という意味で、過去や未来にとらわれ過ぎないことの大切さを説いている。古代中国の思想家・荘子《そうし》（紀元前三六九〜紀元前二八六年）の言葉である。

生活は習慣の織物に他ならない

スイスの哲学者であるフレデリック・アミエル（一八二一〜一八八一年）の言葉の意訳である。『アミエルの日記（三）』（河野與一訳、岩波文庫）より。

よい習慣を持つことは大事で、私は本を読むことを習慣にしている。読書をすると、必ずよい言葉が見つかるのだった。

人間の一生はどんなにやっても
これで完璧だということにはならない。
生きているかぎり、人生は未完成ですよ。

世界的に著名な美術家であり、二〇二一年に百七歳で逝去された篠田桃紅《しのだとうこう》さん（一九一三〜二〇二一年）が、著書『これでおしまい』（講談社）にこのように書いておられた。私は講演を行った後、毎回、反省点の洗い出しと自己採点を行っている。ノーベル賞受賞後に行った二百回余りの講演において、最高点は八十五点。最低点は五十五点。平均点は八十点に届かない。私にとって叶《かな》わないまでも完璧を目指すことは、一つの快楽でもあり、次のステップへの希望が湧き出る泉でもある。

願望は求め続けるためにあるのです

物事は、思い続けると叶うものだ。だから、何か物事に挑む際には、可能な限り高い目標を掲げ、現状から少しでもよくしようとする向上心を失わないことが大切だ。一心に目標を目指していれば、支援して助けてくれる人も必ず現れてくれる。

人間の旬

若さとは、人間にとって体力と気力が充実する「旬の季節」であるといえよう。そして、この「旬の季節」なるものは、年齢が若いときに一度だけ訪れるものでもない。八十歳になった私にノーベル賞が贈られたように、人間が独創性と実行力を失いさえしなければ、季節のようにその人に何度でも巡ってくるものなのだ。

歴史はときに忘れられようとするが
これを思い起こすことにより
明日へ向けて
多くを学ぶことができるものだ

「歴史を学ぶと未来が見えてくる」というのが、私の持論である。歴史を学び、かつ昔を思い浮かべながら現在を顧みると、今を生きるための知恵が学べ、明日への指針を見いだすことができる。

任重而道遠《にんおもくしてみちとおし》

『論語』泰伯《たいはく》篇にある、曾子《そうじ》が言ったとされる言葉である。前後も書くと「曾子曰、士不可以不弘毅。任重而道遠。仁以爲己任、不亦重乎。死而後已、不亦遠乎。」となる。「学を志す者は、その負うべき荷物は重く、行くべき道は遠いのだから、心が広く力が強くなければならない」という意味。私は二〇二四年の書き初めにした。

独りが好きでなくては絵が描けない。
しかし人が好きでなければ絵が生きない。
そして自然をこよなく愛せなくては
絵心は湧くまい

画家・小杉小二郎さんの「窓辺物語」と題した個展で目にした言葉。真のクリエイターとは孤独なものだが、その一方で、人にも自然にも愛情を抱いていなければ作品は痩せ細ってしまう。かつて私は、日本経済新聞の連載小説「発熱」に描かれていた小杉さんの遊び心溢れる挿絵に惹かれ、連載全三百七十三回分の絵をスクラップして保管したものだった。新聞や雑誌、カレンダーに載っているお気に入りの絵や写真を切り抜いて取っておくことは、私の昔からの習慣である。

積み重ね、
つみ重ねても、
またつみかさね

「耐震構造の父」と称される建築構造学者・内藤《ないとう》多仲《たちゅう》（一八八六〜一九七〇年）が、努力することの心得を説いた言葉である。こうなりたいという希望や夢をいつも持ち続け、そのための努力をひたすらに継続していると、たいていの希望や夢は実現可能になってくるものだ。そうならないということは、実際には努力をしていないか、まだ努力が足りないのだ。

人生を考えると、
世の中は自分の持っているものを
いかに世に役立てるかの
コンペティションの場である
そのとき必要となるのは
一、知識・技術など専門
二、個性豊かな知恵を出せるか
三、組織の人間・社会人としての人間性

有意義な人生とは、人の役に立てる人生である。そのためには、自分が持っている能力の質を高めるために、それらを研鑽《けんさん》していかねばならない。この研鑽を怠ると、世の中はどんどん進歩していくものだから、相対的に自分自身は後退してしまう。人生というものは、日々研鑽を積み重ね、私たち自身で創るものなのだ。

欲望は人を窘《くる》しめ、趣味は人を活《い》かす
趣味饒《ゆたか》なる人は幸いなるかな

作家・幸田露伴《こうだろはん》（一八六七〜一九四七年）の言葉である。『洗心録』より。

私は四十歳になってから仕事の気分転換にゴルフを始めた。これまで、スキー、卓球、登山などさまざまな趣味を持ってきたが、ゴルフ歴はすでにそのどれよりも長くなっている。我ながらよい趣味を見つけたものだと思う。

心の壮《さかん》なる人には何時《いつ》も青年の春なり

これも幸田露伴の言葉。幸田露伴著『伊能忠敬』より。宗教哲学者のマルティン・ブーバー（一八七八〜一九六五年）も、「人は創《はじ》めることさえ忘れなければ、いつまでも若く、老いない」と言っている。

人間が
時間を節約すればするほど、
生活はやせほそって
いくのです

ドイツの児童文学作家ミヒャエル・エンデ（一九二九〜一九九五年）の言葉。
エンデの代表作『モモ』（大島かおり訳、岩波少年文庫）より。

朝は希望に起き
昼は努力に生き
夜は感謝に眠る

自宅の近所にある九品佛《くほんぶつ》浄眞寺（東京都世田谷区）の掲示板に貼られていた言葉である。充実したよい人生を送るためには、自分自身がよい姿勢、つまりよい心のあり方で生活することが大切だ。

少《わか》くして学べば、則《すなわ》ち壮にして為《な》すこと有り。
壮にして学べば、則ち老いて衰えず。
老いて学べば、則ち死して朽ちず。

江戸時代後期の儒学者である佐藤一斎《いっさい》（一七七二〜一八五九年）の言葉で、いつまでも学び続けることの大切さを説いている。佐藤一斎が七十八歳のときに著した『言《げん》志晩録《しばんろく》』第六十条より。

形あるものは壊れる
生あるものは死す
高徳は人の心に残り
生き続ける

生物である限り、私たちにはいずれ必ず死が訪れる。しかし、生きている間に徳を積んだ人は、亡くなった後でも、その名や業績は次代に受け継がれていくものだ。

どんなに激しい憎しみでも、
憎むことだけで生きていかれない
愛情だけで生きることができないように、
ひとつの感情だけで
生き通すことはできない

私の好きな作家である山本周五郎（一九〇三～一九六七年）の言葉の意訳。同じ山梨県出身ということもあって、私は山本周五郎の全作品を読んでいる。私が持っていた山本周五郎の本はすべて韮崎市の図書館に寄付してしまい、今は手元にはない。しかし、私の心に響いた大事な言葉は「腹中有書」に書き留めてあるので、それでいいのである。

死は生を最後に完成させるもの

インドの詩人であり、ノーベル文学賞を受賞したラビンドラナート・タゴール（一八六一〜一九四一年）の『タゴール詩集　ギーターンジャリ』（岩波文庫）の中にある言葉の意訳である。死んでいく姿というものは、逆にいえば、最期まで生ききる姿でもある。

われわれの生命は
どこで終わろうと
それはそこで全部なのだ
人生の有用さは
その長さにあるのではなく
使い方にある
長生きをしても
ほとんど生きなかった者もある

ルネサンス期のフランスの思想家であるミシェル・ド・モンテーニュ（一五三三〜一五九二年）の言葉である。モンテーニュ著『エセー（一）』（原二郎・訳、岩波文庫）より。人生を有意義なものにするためには、自分の時間をどう使うべきか。とにかく、相手のことを考えながら生活をすることだ。そういう人に対しては、周りも応援する雰囲気が出てくるし、実際に応援してくれる人も現れる。自分のことだけを考えていると、その人生には協力者が現れず、大きな仕事は成し遂げられない。

万物流転《ばんぶつるてん》

古代ギリシャの哲学者ヘラクレイトスの言葉とされる。この宇宙に存在するすべての物、あらゆる現象は、絶え間なく変化していく。人間としてかたちを成す私たち一人ひとりも、その変化の途中にある一結節点に過ぎない。

人間は夢を持ち前へ歩き続ける限り余生はいらない

江戸時代の測量家・伊能忠敬（一七四五～一八一八年）の言葉である。平均寿命が五十歳に満たなかった時代にあって、彼は日本地図を作るために五十五歳からおよそ十七年にわたって日本全土を歩いてまわった。生命のある限り精いっぱい生きることが、そのまま至福の死に通じる。生死のいずれにもとらわれず、生死に随順して充実した生き方をすることが、幸福に生き幸福に死ぬための道だと思う。

最澄《さいちょう》（七六七～八二二年）五十四歳
空海《くうかい》（七七四～八三五年）六十歳
道元《どうげん》（一二〇〇～一二五三年）五十三歳
日蓮《にちれん》（一二二二～一二八二年）六十歳
これら聖人より長く生きているのに
自分のしたことは
実に小さい

半生を二十世紀に置き、「人のために少しでも役に立つことはできないか」「微生物の力を借りて何かできないか」という一心で、研究、経営、そして公務と、休む間もなく過ごしてきた。そのおかげで仲間にも恵まれ、研究でも成果を出してこられた。今後も科学の発展に力を尽くし社会に貢献したいと考えているが、齢《よわい》八十八を過ぎて、時の流れの速さをつくづく感じているところだ。

天地に万古あるも、
此の身は再び得られず。
人生は只《た》だ百年のみ、
此の日最も過ぎ易《やす》し。
幸いにその間に生まるる者は、
有生の楽しみを知らざるべからず、
また虚生の憂いを懐《いだ》かざるべからず。

中国明代末期の儒学者・洪自誠が著した処世哲学書『菜根譚』にある言葉。「この世は永遠であるが、そこに生きる自分の人生はせいぜい百年で、月日はどんどん過ぎていく。この世に生まれた自分は、生きている楽しみを知り、無駄に過ごすことのないようにするべきだ」と説いている。

幸福になる秘訣は
快楽を得ようと努力することではない
努力そのものの中に
快楽を見いだすことである

一九四七年にノーベル文学賞を受賞した小説家アンドレ・ポール・ギヨーム・ジッド（一八六九〜一九五一年）の言葉である。夢を叶えようと知恵を絞り手を動かすとき、あるところからそれらの行為そのものが楽しくなってくる。努力を楽しむことができれば、どんなに大きな夢でもいつの間にか実現している。

失敗はまわり道
行き止まりではない

若い人には、表面的な知識や技術よりも先に、この哲学を身につけてもらいたい。目標に向かって歩みを止めなければ、それは真の意味での失敗とはならない。成功したいと思うことは、自らの言葉で宣言するべきだ。これをアファーメーション（自己宣言）という。自らの言葉にした強い信念は、成功に至る道のりを歩む原動力となる。

第2章

仕事で生きる言葉

黄金の三角形

五十代に入った頃、私は忙しさに追われてそれまでの趣味に時間を割くことができなくなっていた。研究者でありながら北里研究所の経営者でもあるという、二足のわらじを履き始めた時期のことだ。

当時、すでに北里研究所の監事だった私は、研究所がひどい経営難にあり、いつ倒産してもおかしくないことに気づいた。そこで、研究所再建のための改革案と付属病院の建て直しを理事会に提案し、自ら副所長の役職に手を挙げた。それと同時に、思い切って大学教授の職を辞した。

私は、物事で選択を迫られたときは、常に「より人の役に立つのはどちらか」を考えるようにしている。子どもの頃に祖母から言われた「とにかく人の役に立つことが大事だよ」という言葉に従ってのことだが、このときも「先のことを考えれば、大学の教授を続けるよりも、北里研究所を立て直す仕事の方が、はるかに人の役に立つだろう」と考えた末の選択だった。また、私の目指す改革を実現するためには、周囲に自ら退路を断つ姿勢を見せる必要があるとも考えた。

この頃の私は、北里研究所をなんとか残そうと、寝ても覚めても仕事をしていた。しかし、目の前にある仕事をどれだけこなしても、次から次に新しい仕事が現れる。そのうち、休日も研究所に通って仕事をするようになった。仕事に没頭する時間が増えるに従って、好きだった芸術鑑賞やスポーツには時間を割くことができなくなり、読書も自身の研究や組織経営に関連した書物が優先されるようになった。

「仕事をし過ぎているな」と思いながら、頭がおかしくなりそうなほど忙しい生活を続けているうち、まず、頭が常に覚醒状態に陥って夜に眠れなくなり、食欲もなくなり、ついには、ひどい目まいに襲われて入院するはめになった。

さすがにこのときばかりは自分が働き過ぎていることを明確に自覚し、医師の勧めもあって二週間ほどの休養をとることにした。そして、好きな絵画を鑑賞したり、好きな作家の小説を読んだり、気の置けない友人とゴルフを楽しんだりした。仕事の忙しさにかまけてないがしろにしていた趣味を、思う存分に楽しんだのである。

このように、趣味を意識して生活の中心に置いたところ、仕事で壊れかけた私の心と体はみるみる回復していった。そして、あるところで、研究所の再建に関わる懸案事項やそれを解決するアイデアが、実に整然と頭に浮かんだ。

終戦時に十歳だった私は、幼少の頃から「仕事を怠けることは悪徳である」と教えられていたが、実際に仕事を怠けて興じた趣味は、当時の私が抱えていた課題の解決に大きく貢献したのだった。

この出来事があり、改めて自分の歩んできた道を振り返ると、数々の苦難の中でも私がどうにかやってこられたのは、趣味があったからだと思い至った。

美術を鑑賞すること、スポーツで汗を流すこと、そして読書をすることとは、学生の頃からの私の趣味である。研究所の副所長になってからは、これらの趣味に、自分と波長の合った言葉を「腹中有書」に蒐集することが加わった。私が人生哲学として大切にしている「一期一会」も、趣味を通じて大きく広がり、研究推進や社会貢献に役立っている。

趣味を中心に置き、健康管理・一期一会・社会貢献の三つのバランスの中で生きる――この関係を、私は齢五十にして心得、「黄金の三角形」と呼ぶことにした。

怒るな働け

日本最初の女子商業学校創立者とされる嘉悦孝《かえつたか》（一八六七〜一九四九年）の、嘉悦学園「建学の精神」である。あるとき、日本女子経済短期大学（現在の嘉悦大学）の卒業生である私の妻の文子が「あなたにピッタリの言葉がありますよ」と、この言葉が書かれた色紙を持ってきてくれた。私にとっては、強い思い入れがある言葉だ。

至誠惻怛《しせいそくだつ》

「まごころ（至誠）と、いたみ悲しむ心（惻怛）をもって物事に取り組めば、必ず事はうまくいく」という意味。幕末の陽明学者・山田方谷《ほうこく》（一八〇五～一八七七年）が、長岡藩の河井継之助《つぐのすけ》（一八二七～一八六八年）に送った中国明代の儒学者・王陽明（一四七二～一五二九年）の一節である。

一誠、兆人《ちょうじん》を感ぜしむ

「誠を尽くせば、それを感じない者はいない」という意味で、幕末の思想家である吉田松陰（一八三〇～一八五九年）の言葉である。松陰は歴史上の人物の中で、私が最も傾倒している教育者だ。

兵は拙速《せっそく》なるを聞くも、未《いま》だ巧《たく》みの久しきを睹《み》ざるなり

「拙速」とは、あまり完璧を期せずにさっさとやることをいう。「戦争では拙速で勝利するということはよく聞くが、じっくり時間をかけて巧みに勝ったということをいまだ見たことがない」という意味だ。『孫子の兵法』第二章作戦篇より。

至誠《しせい》天に通ず

「誠実に全力をあげて事に取り組めば、やがて結果がついてくる」という意味で、古代中国の儒学者・孟子《もうし》（紀元前三七二〜紀元前二八九年）の言葉である。いい加減にやっていると駄目だが、一生懸命にやれば、必ずよい結果につながり、支援者も現れる。努力をすれば報われるのだ。

賢人を登用しても、この人を力一杯働かせないならば、本当に賢人を得たということにはならない

古代中国の周の軍師である呂尚《りょしょう》（紀元前十一世紀頃）の言葉である。呂尚は、一般的には太公望《たいこうぼう》という呼び名で知られている。

嫌なことは一番先に自分がやってみせろ

人は一見して無駄になりそうなことやきついことをやりたがらないものだ。しかし私は、あえてそれらを額に汗して一生懸命にやってみる中から、普通の人が思いもよらない成功を生みだすのだと考えている。そのような姿を見せていると、人もついてくるのだ。

人間は磁石のようなものだ。
能力があり人格が立派であれば
磁石が鉄を吸い付けるように
仕事や地位を吸収しうる。

渋沢栄一の言葉である。渋沢栄一は、幕臣であり、官僚であり、実業家であり、理化学研究所の創設者でもあった。渋沢栄一の実に多彩な業績を考えると、この言葉の説得力は大きい。

誰にでも何でも聞いている恥じることはない

私の祖母は、「聞くは一時の恥、聞かぬは一生の恥」を座右の銘としていた。私もそれにならい、分からないことがあれば、たとえ相手が学生であっても聞くようにしている。

小処《しょうしょ》に滲漏《しんろう》せず、暗中《あんちゅう》に欺隠《ぎいん》せず、末路《まつろ》に怠荒《たいこう》せず。

「どんなに小さいことでも手を抜かない」「人の見ていないところで自分や他人を誤魔化してはいけない」「どんな困難に直面しても投げ出さない」という意味である。中国明代末期の儒学者・洪自誠が著した処世哲学書『菜根譚』より。

流れる鼻水を
片腕で拭く時間があれば、
そのぶん前へ行くことを
考えることだ

スキー距離競技で数々の実績を誇り、わが国のスキーの最高指導者として高名であった横山隆策先生から、私が大学生の頃にいただいた言葉である。当時、スキーのクロスカントリーを行っていた私は、オリンピックに出場経験のある選手などに交じって先生にご指導いただいた。記録への挑戦を叱咤激励するすさまじいまでのお言葉のなかでも、特に忘れることのできないものだ。その後、私はスキーを離れて研究生活に入った。研究はすぐに結果が出るわけではない根気のいる仕事だ。スキーと化学ではまるでジャンルが違うが、横山先生に教わった目標に向かって全力で進む気構えは、私の研究生活に大いに生かされた。

人と同じことをやっていると
よくてその人と同じで止まる
独自のことをやると
人より悪いこともあるが
人を超えるチャンスが生ずる

科学の領域でも美術の領域でも、そのほかの領域でもそうだが、「これはあの人の仕事だな」と分かるオリジナリティーを持った成果にこそ価値がある。

そう私は考えている。

何事にも人に勝つためには人と同じ事をしていては駄目だライバルを上回ることを考えろ

横山隆策先生がよくおっしゃっていた言葉である。「他人と同じことをやってもその人止まり」ということ。米国メルク社との共同研究開発のテーマをどうするかというとき、私は先生のこの言葉を思い出して、当時の大手製薬企業があまり手をつけていなかった「動物薬の探索研究」という提案をした。これが、エバーメクチンの発見と、それを改良したイベルメクチンの開発につながった。

頼らず
まねせず
こだわらず

私は研究人生の中で、「人のまねは絶対にしない。まねをしたら終わりだ」と自分に言い聞かせてきた。そのうえで、立ちはだかる壁を乗り越えるためにあらゆる挑戦を重ねたのだった。

一つの分野での飛躍的なブレイクスルーは、往々にして、他分野の人間が飛び込んできたときに起きる

この言葉を述べた生物学者のシドニー・ブレナー（一九二七～二〇一九年）は、ノーベル賞を受賞する前に私の研究室に来てくれた。大きな飛躍のための研究をするには、自分の分野だけを一人でやっていたのでは駄目だ。私の研究室は「大村のコピーは作らない」を基本理念としているため、メンバーの専門分野がみな異なる。各専門家が力を発揮し合い、自分ができないことはほかの専門家にやってもらう。だからこそ、私の研究室は多くの成果が出たのだろう。

型破りが世の中を進歩させる

たとえば、画家は人のまねをしていては駄目だ。独り立ちをするのであれば、師匠を超えていかねばならない。私の好きな画家に、片岡球子《たまこ》（一九〇五〜二〇〇八年）がいる。彼女の奇抜な画風はときに「ゲテモノ」と評されたが、その「型破り」な姿勢に強く惹《ひ》かれる。

成功にはラッキーな面も伴う
しかし
私でなかったら他人なら
その道を通らなかっただろうと
思うことが多い

私の研究分野では、一年間まったく成果が出ないこともよくある。これまで世界の誰もやらなかったことをやり、新しい発見をしようとするのだから、当たり前だ。研究が成功する要因には運もあるが、「自分が見つけてやるのだ」という強い気持ちがその運を呼び込むということを、私は長年の研究生活を通して実感している。

思うようにいかないところに、新しい道がある

行き詰まって、うまくいかないときこそチャンスなのだ。「なんとかしよう」と絶えず考え、死ぬような思いをし、体は大丈夫かと思うようなときに、自分の中で思考が凝縮されて、ふっと新しいアイデアが浮かんでくる。このように思考を凝縮させるためには、普段から体力と気力を充実させ、人との出会いを大切にしておかねばならない。

物事は
感性と、一瞬の閃《ひらめ》きと
多くの汗と
多くの人の力により
達成することができる

一九九二年五月に紫綬褒章の伝達式を終えてふと心に浮かんだ言葉である。私は、北里研究所の内外の仲間たちとの広いつながりの中で研究を続けてきた。多くの人が関わっている中で、「私がみなさんを代表して章をいただいた」という思いだった。

「流行っている」は
「手垢がついている」

一般的に、研究者の優劣は書いた論文のインパクトファクターで評価される。インパクトファクターは、学術論文の影響力を示した数値で、ある程度は客観的だ。ただし、これは過去の実績を評価したものでしかない。また、インパクトファクターの値が大きいということは、たとえば近年の人工知能（ＡＩ）のように、現在その分野の学問が流行《はや》っている――つまり、手垢がついているということでもある。これでは誰も手を付けていない分野への挑戦的な研究は適切に評価できず、「未来の可能性」を測ることはできない。すなわち、独創的でないということでもあり、それではノーベル賞を受賞するような研究になる可能性は低いといえる。これは研究に限らず、創造的な生産活動全般に同じことがいえるだろう。ちなみに、私がノーベル賞をいただいたイベルメクチンに関する論文のインパクトファクターは非常に小さく、およそ「２」だった。

行動を起こすことにより
何かが生まれる
行動を起こさなければ
何も生まれない

物事に取り組むときは、慎重であるよりも果敢である方がよい結果を生むものだ。冷静に事を運ぼうとして考え過ぎると、往々にして手が動かなくなる。実際に手を動かし、行動を起こさない限り、どんな可能性も具体化しない。

不可能の対語は可能ではなく挑戦です

何かで読んで書き留めた言葉。物事をやり始めたら、たとえ失敗を繰り返しても諦めずに挑み続けることだ。それが自分のやりたいことならなおさらである。成功した人というのは、人の二倍も三倍も失敗しているものだ。

失敗の最大なものは、なに一つそれを自覚しないことである

本当の過ちとは、過ちそのものに気がつかないことだ。イギリスの歴史家であるトーマス・カーライル（一七九五〜一八八一年）の言葉である。

私は失敗したことがない
ただ、一万通りのうまくいかない方法を
見つけただけだ

アメリカの発明王トーマス・エジソン（一八四七〜一九三一年）の言葉である。物事に挑戦して仮に失敗しても、その失敗は後に宝となる。世の研究や事業に成功している人は、誰よりも多くの失敗をしてきたことだろう。私が半世紀以上続けてきた自然界から薬の材料になる新物質を探し出す研究は、広大な砂漠の砂を篩《ふるい》にかけ、その中から一粒の金を探し出すようなものだ。何千、何万の空振りの果てに、ようやく一つの有益な物質が見つかる。このような研究では、有益な物質が見つからなくても、それはネガティブデータという立派なデータとなる。

井戸を掘るなら水の湧くまで掘れ

幕末から明治期にかけて活躍した篤農家の石川理紀之助《りきのすけ》（一八四五〜一九一五年）の言葉である。理紀之助は農業の発展に尽力しつつも和歌を詠むことを日課とし、「貞直」の歌号で各地の歌人たちと交流していた。

智慧《ちえ》は尽きることがある そのときには度胸だ

幕末の武士・勝海舟《かつかいしゅう》（一八二三〜一八九九年）の言葉である。手持ちの智慧では乗りきれそうにない障害があっても、絶対に負けるとは思わないこと。逆にそれを踏み台とするくらいの精神力があれば、怖いものはない。

損得ぬきで何かをやり「自分でもバカなことをやっているものだ」と思うような人間でなければ一流になれない

私の専門分野では、普通のことをやっていても世界の研究者に太刀打《たちう》ちできない。では、どうすればよいか。「普通じゃないこと」に取り組めばよいのである。ほとんどの場合は失敗するが、そこから本当に独創的なものが生まれる。

大功《たいこう》は緩《かん》にあり
機会は急にあることを
忘れるなかれ

「大きな功績はゆっくりと積み重ねてできるものであるが、チャンスは急にくることを忘れてはならない」という意味である。田原藩家老であり、画家としても名を成した渡辺崋山《かざん》（一七九三〜一八四一年）の『八勿《はちぶつ》の訓《くん》』より。

医学者の使命は病気を未然に防ぐことにある

北里柴三郎《きたさとしばさぶろう》（一八五三〜一九三一年）が学生時代に書いた「医道論」という演説の原稿の中にある言葉である。この原稿の中で北里柴三郎は、「医師の一番大事な仕事は、国民が病気にならないよう、健康を維持するためにやるべきことを教えるということである」と、公衆衛生の大切さを説いた。ドイツ留学中に破傷風菌の純粋培養を成功させた北里柴三郎は、それで満足せず、破傷風を発症させないようにする方法を研究した。そして、血清療法（抗体療法）を確立し、ジフテリアと破傷風の抗血清（抗体）の開発を成し遂げた。この功績こそ、北里柴三郎を「日本近代医学の父」たらしめるものであった。

すべて学問研究の目的は学者の単一な道楽ではない。研究の成果はなるべく適切に実地に応用して国利民福を増進することにある。

これも北里柴三郎の演説にある一節である。私はこの言葉こそ、北里柴三郎の「実学の精神」を示したものであると思う。北里柴三郎は北里研究所の創設者である。その北里研究所に入ってこの言葉を知った私は、北里先生のこの教えに従い、今日まで実学を心掛けてきた。

研究を経営する

北里研究所の監事に就任したとき、私は自らの立場として「研究の経営」という責務を定めた。経営を研究することについては、すでに経営学という学問がある。しかし、私は、一般的な経営とは異なり、お金や仕事を残すのではなく、人を残すことを最重要とした。人材育成を第一とし、そのための資金の確保や、研究アイデアの考案、成果の社会への還元を重視したのだ。人材育成を一番先に挙げた結果、私の研究室からは博士号が百二十数名、そのうち三十六名が教授になった。私立大学でこのような実績を残すことは、稀有なことであろう。

研究を忘れた金もうけは罪悪である 金もうけを忘れた研究は寝言である

研究者は、研究をするからには成果を社会に還元しなければならない。すなわち、北里柴三郎のいう「実学の精神」である。人の役に立つものならば、必ずそれを買う人が出てくる。売って得られた利益は、新たな研究に向けることができる。

自己完成の十か条

一、仕事をかならず自分のものにせよ
二、仕事を自分の学問にせよ
三、仕事を自分の趣味にせよ
四、卒業証書は無きものと思え
五、月給の額を忘れよ
六、仕事に使われても人には使われるな

七、ときどき必ず大息を抜け
八、先輩の言行を学べ
九、新しい発明発見に努めよ
十、仕事の報酬は仕事である

富岡製糸場支配人から王子製紙の初代社長になり、「製紙王」とも呼ばれた実業家・藤原銀次郎（一八六九～一九六〇年）の言葉である。「経営」という言葉は、一般的には会社事業を営むことだが、それとは別に、仏教では「人間形成」を意味するとされる。

二百年以上生きている会社は
世界に七千社
うち、日本に三千社ある
これらは
百年に一度の危機を克服する遺伝子を
持っている
それは、
人を育て、改革をする遺伝子である

企業は、その資産や歴史の上にあぐらをかいているだけではいけない。百年に一度の危機を生き残るためには、急激な環境の変化に機敏に適応していくことこそが必要だ。企業の適応力とは、そこに所属する人材の善しあしで決まる。実業家の松下幸之助（一八九四〜一九八九年）は、「事業は人なり」と言っている。会社というものは、物を作る前に人を作らねばならないのだ。人を育てる。人を残す。これに尽きる。

金がないから何もできないという人間は、金があっても何もできない人間である

私の郷里である山梨県韮崎市の出身者であり、阪急電鉄や東宝、宝塚歌劇団などを興した大実業家・小林一三《いちぞう》（一八七三〜一九五七年）の言葉である。

かつて、北里研究所が倒産寸前になり、私の研究室も解散を求められたことがあった。しかし、私は自身の研究を通じて賄った資金で研究室を持たせてみようと腹をくくり、非常に厳しい覚書を交わした。幸い、それから約五年で研究成果の特許料が入るようになり、研究室解散は免れた。しかし、もしあのときに研究室を閉めていたら、私はノーベル賞をいただけなかっただろう。金銭的に厳しいところで踏ん張らなければ、成功への道は歩めない。

事に臨むに三つの難《かた》きあり
能《よ》く見る、一なり
見て能く行う、二なり
当《まさ》に行うべくんば必ず果決《かけつ》す、三なり

果決とは「間引く」ということだ。大きな仕事を前に進める際には、「何をやるか」ということよりも、「何をやらないか」つまり間引くことが大事になってくる。北宋時代の役人・張詠《ちょうえい》（九四六～一〇一五年）の言葉。

科学者の研究なんて
大部分間違ったことをやっている
なるべく研究をやるな
何をやるかより
何をやらないかが大切だ

私の専門領域である科学研究の分野によく当てはまる言葉だ。限られた予算と時間の中では、研究対象に優先順位を付けて取捨選択をすることが必要となってくる。

組織にて研究する者たちが成長するとき その組織はさらに多くの成果を上げる

私の信念である。すでに出来上がった人たちで仕事をするよりも、これから研究しよう、勉強しようという人たちが集まって仕事をした方が、より成果を上げる。プロ野球を例に挙げれば、資金力のある読売ジャイアンツが優秀な選手を大勢集めることができる一方で、資金のない広島東洋カープなどは優秀な選手を集められない。しかし、実際に対戦してみると、広島の読売に対する勝率は統計的に有意に高いのだ。仕事でも研究でも、向学心に燃える人たちの集まりの方が、よい成果を生む。

重職たるものは
如何《いか》ほど忙しくとも
忙しいとはいはぬがよきなり

江戸時代後期の儒学者である佐藤一斎が、重臣の心得として「重職心得箇条」に記した言葉である。私たちは何かにつけて「忙しい、忙しい」と口にする。佐藤一斎のこの言葉を肝に銘じたい。

実力以上の何かが働く

永瀬拓矢王座（当時）との「八冠」をかけた第七十一期王座戦五番勝負を制した藤井聡太さんが、逆転劇の相次いだ激闘のシリーズを振り返って述べた言葉である。実力を超えて何かが達成されるとき、よく「運も実力のうち」といわれる。大事なのは、運というものは万人の前に転がってくるということであり、問題はそれを拾えて活かせるかどうかということであろう。運がいつ転がってくるかはコントロールできない。しかし、目標に向かってしつこく粘り続けることで、運を拾う機会は得られる。

事業の進歩発達に最も害をするものは、青年の過失ではなくて、老人の跋扈《ばっこ》である。

「老人は少壮者の邪魔をしないようにすることだ」という意味。第二代住友総理事の伊庭貞剛《いばていごう》（一八四七〜一九二六年）が、五十八歳で引退したときの言葉である。

科学は観念的な色形空間をもって創作する芸術である

たとえば、数式の完璧な解き方の美しさに酔いしれることと芸術作品を見て美しいと思うことは、同じ「感動する」ことである。だから私は、科学することは文化の一つだと考えている。科学も芸術も、感じる心を総合すれば文化であり、互いに補完し合っているのだ。

すべての生命現象は化学反応の結果であるどのような化学反応なのかを知ることが化学者に与えられた役割ではなかろうか

私は微生物によって生産される有機化合物を発見し、医薬や試薬として利用するための研究を長年続けてきた。これらの研究を進めるためには、微生物学、発酵生理学、分子生物学、さらには有機化学、物理学、生化学、医学、薬学、生理学といった、既存の学問を有機的に統合する必要があった。

微生物は無限の資源である

私が一九七〇年代からずっと言い続けている言葉である。半世紀以上にわたる研究を通じて、この言葉の正しさは証明されていよう。自然界の土の中には多種多様な微生物がいる。しかし、人間が分離したり、その性質を調べたりできているのは、そのほんの一パーセントにも満たない種類なのだ。イベルメクチンのもととなったエバーメクチンのような、人類の課題に対する多くの答えが、自然の微生物の中に眠っている。近年はＤＮＡの解析技術が発達し、分離していない微生物にも探りを入れられるようになってきた。今後、この領域で多くの面白い発見がなされるだろう。

私は狩人
見たこともない
聞いたこともない
誰も知らない獲物を狙う

スプーン一杯の土の中には、一億から十億個の微生物が生きている。それらはたくさんの化学物質を作って生命を営んでいて、その多くは未知の物質だ。私が半世紀以上続けてきた研究は、それらの化学物質を特定し、社会の役に立つ医薬や試薬を作ることだった。

新しい天然有機化合物の発見は未知の世界の扉を開いたことになるのです

ドイツの理論物理学者であるアインシュタイン（一八七九〜一九五五年）は、「永遠の神秘は、人間が自然を理解できることだ」と語った。自然はまだ、科学する我々に、計り知れないその深い身の内をほんの一瞬しか覗かせてくれない。

世界は進むだけ進み、その間に、
幾度も闘争を繰り返すであろう
そして、その闘争に疲れ果てるときが来る
その時、世界人類は平和を求め、
そのための世界の盟主が必要になる
その盟主とは、
アジアに始まって、アジアに帰る
そして、アジアの最高峰、

日本に立ち返らねばならない
我々は神に感謝する
天が我々人類に
日本という国を作ってくれたことを

アインシュタインがノーベル物理学賞を受賞した翌年の一九二二年、日本に四十日間滞在した際に残した言葉だ。二〇二〇年代に入っても、世界では各地で戦争や紛争が起こり、目下、世界情勢はかってないほど混沌としている。およそ百年も前に、西洋の偉大な科学者が期待していた日本の高い精神性に、現在に生きる私たちは応えられているだろうか——私たち一人ひとりが自分自身に問わなくてはならない。

科学者になるためには自然を恋人としなければならない。自然は、やはり、その恋人にのみ真心を打ち明けるものである

物理学者であり優れたエッセイストでもあった寺田寅彦《とらひこ》（一八七八～一九三五年）の言葉である。私は自然界の微生物を師とし、彼らに真摯に学ぶことで、数々の有用な抗生物質を発見した。自身の研究人生を通じて、寺田寅彦の言葉はこの世界の真理であると実感している。

自然を愛することはすべての学問や宗教の基礎であり、出発点である

アメリカの心理学者であり、クラーク大学の初代総長でもあったスタンレー・ホール（一八四四〜一九二四年）の言葉。自然との触れ合いからは学ぶことが多い。農家の長男であった私は、農業を通してさまざまなことを考えた。たとえば、刈り入れが終わった田んぼに堆肥作りのために山のように積まれたわらを触ると、非常に熱いのだ。水をかけておくとさらに熱くなる。これは微生物による発酵現象である。そんなことを理屈抜きに実体験し、子ども心に不思議に思い、「なぜだろう」と一生懸命に考えたものだ。子どもの頃に微生物に関わる話を父親から聞きながら堆肥作りをしたあたりに、私の研究の基礎と出発点があるように思う。

すべての研究の成果は先人の成果の上に立って成し遂げられるものであることを忘れてはなりません

ある研究を始めようとする際は、まずその研究分野の歴史を探る。そして、それを発展させるにはどうすればいいかを考えれば、「歩むべき道」というものが見えてくる。科学者であるアイザック・ニュートン（一六四二〜一七二七年）も、「私がかなたを見渡せたのだとしたら、それはひとえに巨人の肩（先人の成果）に乗っていたからだ」と言っている。

世の中には人生にとって大切な先人たちの遺産が実にたくさんあるが心のできていない人には何の役にも立っていない

自然科学の世界は、いわば「誰が先に物や現象を発見・解明したか」という競争の世界で、ややもすると先人への思いや教えなどを忘れがちになってしまう。歴史から学べることや発想できることは数多くある。昔から「愚か者は経験に学ぶ、賢い者は歴史に学ぶ」ともいうではないか。

伝統は革新の連続によって築かれる

長く生き残り続けることを伝統と呼ぶならば、生き残るために必要なのが革新である。進化論の提唱者であるダーウィン（一八〇九〜一八八二年）は、「激動の時代に生き残れるのは、変化に対応できる種《しゅ》である」と言っている。

研究者が一流であるか否かの判定基準は、自分の理論の適用限界を常に意識しているかどうかである

ニュートリノ研究で二〇〇二年にノーベル物理学賞を受賞された小《こ》柴《しば》昌俊《まさとし》博士（一九二六～二〇二〇年）が、世界的に著名な理論物理学者であった西島和彦博士（一九二六～二〇〇九年）が亡くなられた際に、西島先生を称えて述べた追悼の辞の一部である。人類はより豊かな生活をするために、さまざまな物を作り、利用してきた。そしていつしか、「科学技術さえあれば自然を超えてなんでもできる」と考えるようになっている。しかし、科学者たるものは、己が自然の仕組みのほんの一部しか知っていないことを、肝に銘じておかねばならない。

松樹千年翠
不入時人意

我が国の禅に関わる古典『続伝灯録《ぞくでんとうろく》』の中にある「松樹千年《しょうじゅせんねん》の翠《みどり》　時の人の意《こころ》に入らず」という警句である。「大自然は常に法を説いていてくれるが、人々に聞く耳がなければ何にもならない」と説いている。真理はいつも自分の目の前に充ち満ちている。しかし、そこに到達するためには、人知れぬ努力を継続せねばならない。

種を蒔《ま》き木を育てることをせず実を採ることしか知らない者は成功への道を歩むことはできない

かねてより日本の科学研究現場は海外の研究者によって「日本人は科学の果実だけを求めて、種を蒔いて成長させるということをしていない」という批判を受けてきた。明治時代に東京医学校（現在の東京大学医学部）で教鞭《きょうべん》をとっていたドイツ人医師エルヴィン・フォン・ベルツ（一八四九〜一九一三年）も、当時の日本人にそのような苦言を呈した一人だった。

第3章

教育で生きる言葉

真の教育は情緒の涵養《かんよう》

教育というと、世間的には知識や技術を与えることだと思われている。しかし、知識、知能、技能などは、人にとって付属的な要素でしかなく、教育の本質はそれらを教えることにはない。

いかなる地位に据えても人から信頼され、いかなる課題を与えても容易に習熟することができる心構えを持った人材を作ることこそ、教育の目的であると私は考えている。

世の中には、先人が遺した有益な知識や技能、箴言などが実にたくさんある。それらに接したとき、スッと身に入る人とそうでない人がいる。

その違いは、その人に豊かな情緒があるかどうかである——多くの若者を育ててきた過程で、私はそう確信した。

知識を人の役に立たせるセンスこそ、人間の情緒である。情緒が豊かな人は、教えられたことを自分の中でいっそう確たるものにし、やがて既存の知を超えて創造力を発揮し、人の役に立つことができる。そのような人が、一般的に「あの人は成功した」と言われるのだろうし、そのような人材を育てることが教育者の務めであるだろう。情緒に乏しい人間が知識や技能をいくら身につけても、それを世の中に役立てることはできない。それでは、何をやっても成功しない。

豊かな情緒は、真理の追究にも必要となる。大学や大学院での勉強は、教科書に書いていないことを自分の頭で考えられるようになるために行うものである。数学者の岡潔も「数学は情緒だ」と言っていた。豊かな情緒からは、数の真理を追究するためのアイデアが浮かぶのだろう。私も化学の分野で、同じことを身をもって経験している。ほかの分野でもそうだろう。

優れた情緒は、自然、芸術、書物、そして多くの人との関わりの中で涵養される。教育者たるものは、知識や技能よりも先に、そのことを若者に教えなければならない。

情緒がある人間は、いいものを受けるとスッとその身に入ってくる。情緒のない人間は、せっかくいい話を聞き、いい言葉に触れても、身に入ってこない。そこが、よい教育を受けた人間とそうでない人間の大きな違いでもある。

私が自分の研究室を持った当初、私のほかにメンバーは五人だけで、私以外に学位を持っている人はいなかった。私はそこでがむしゃらに成果を上げようとするのではなく、まず自分の頭で物を考えられる人を育てるということから始めた。

知識や技能の伝授も大切だったが、特に、人との関わりから学んでもらおうと思い、定期的にセミナーを開催して海外から大勢の人を呼んだ。その五百回目をやったときに改めて調べてみると、招いた人の百七十八名は海外の研究者で、その中にはノーベル賞受賞者も七、八人入っていた。

教科書や論文に書かれたものを読むときと違い、実際に人に会うと心が動く。それが大事なのだ。研究室のメンバーには多くの人との関わりの中で勉強してもらい、よく力を付けてもらったと思う。

このような教育を続けた結果、一人前の研究者が一人もいないところから始まった私の研究室は、二〇二四年時点で百二十六人が学位を取得し、そのうちの三十六人が教授や外の研究所の所長となった。私立大学でこれだけの教育成果を上げている研究室は、他に類を見ないだろう。

そして、これらの素晴らしい人たちがそれぞれの専門分野で力を発揮し合い、私ができないこともほかの専門の人と協力できるようになり、研究室としてこれまでに五百二十二の新物質を発見した。そのうち、イベルメクチンの基になったエバーメクチンをはじめとする二十六の物質が医薬、動物薬、研究用試薬として実用化され、社会の役に立っている。

教師の資格とは免状ではなく、自分自身が絶えず進歩していることだ

私の母は当時の女性としてはほぼ最高の教育を受けたといってよく、教員免許を取得して小学校で音楽の先生をしていた。その母が日誌の最初のページに書いていた一文である。私は母の言葉を原点に、世の中のためになるような勉強と研究を続けた。どこに行くにも必ずビニール袋を持ち歩き、研究室のメンバーの中でも率先して土を採集したものだ。向上心のある先生に付かないと、生徒もかわいそうだろう。教師自らが絶えず進歩することの大切さは、最初に母から教わった。私は今でも、この言葉を肝に銘じて生きている。

子どもの頃に肉体的につらい経験をせずに成長すると不幸な人間になる

一九七三年にノーベル生理学・医学賞を受賞した動物行動学者コンラート・ローレンツ（一九〇三～一九八九年）の言葉である。肉体的につらいといっても、体罰や暴力のことではない。スポーツや山登り、農作業の手伝いなどで、肉体的につらい経験はできる。私は山梨県の農家に生まれ、農繁期になると暗いうちから起きて両親と一緒に野良仕事をした。農作業は厳しく、子どもの小さな体でこなすのは大変だったが、おかげで体力や精神力、忍耐力が徹底的に鍛えられた。このような、「心が折れ難い生きる力」は、机に座って勉強しているだけでは身につかない。

眺望《ちょうぼう》は人を養う

詩人・大岡信《まこと》（一九三一～二〇一七年）の言葉である。私は、大変景色のいいところで育てられた。生家は甲府盆地の北西にある山梨県韮崎市にある。八ヶ岳、茅ヶ岳、金峰山、大菩薩嶺と連なる秩父連峰などの山々に囲まれ、南には霊峰富士を拝むこともできる土地だ。子どもの頃は、豊かな自然の中を走り回って、山に登り川で遊び、土をいじって虫を捕り、草や木を眺めて季節の移り変わりを感じた。そうして、自然に親しんでいく中で、私という人間は養われた。山梨の自然を通じて動植物や自然現象に興味を持つようになったことが、化学者への道につながったのだった。そんな私の生家の近くに、日本を代表する女性芸術家作品を中心に、四千点の美術品を収蔵する韮崎大村美術館を建て、韮崎市に寄贈した。その二階の大きなガラス窓からは、左から八ヶ岳、茅ヶ岳、そして富士山が一望できる。最初に複数の足場を組んで最も美しい眺めとなる位置を特定し、そこを基準にして館を建てたのだった。

子どもを不幸にする
いちばん確実な方法はなにか、
それをあなたがたは知っているだろうか
それは
いつでもなんでも
手に入れられるようにしてやることだ

フランスの思想家であるジャン＝ジャック・ルソー（一七一二〜一七七八年）の言葉である。ルソー著『エミール（上）』（今野一雄訳、岩波文庫）より。やはり子どものうちは、多少なりとも厳しいことをやらせた方がよい。

いじめと小学・中学生の自殺
子どもは人間として生まれてくる
これを機械人間が
育て教えるところに問題がある

戦前・戦中に比べて見違えるように暮らしが豊かになったのとは裏腹に、今の日本では人としての心の在《あ》り方が忘れられているように思う。人間同士の心の交流が欠けた結果、自分勝手で、気に入らなければ、他人も、そして自分さえも勝手に殺してしまう若者が増えているのではないだろうか。

子どもが両親の言うことをすべて聞くようでは両親を超えて立派に成人することはできません

子どもが親の教えをすべてそのまま受け入れて、その行動のまねをするだけでは、親の水準は超えられない。親は子どもが自由に工夫をする余地を残しながら、大きく包んでやることが必要だ。

教育は最も長い時間を要するが最も確実な投資である

教育にお金を使うと、必ずよい結果になる。株などは儲かることもあれば損をすることもあるが、教育への投資では損をすることがない。一、二年で成果は出ないかもしれないが、十年、二十年という目で見れば必ず意味がある。

財を残すは下
事業を残すは中
人を残すは上なり

政治家であり医師でもあった後藤新平《しんぺい》（一八五七〜一九二九年）の言葉である。お金なんて、残したっていずれ消えてしまう。ところが、人を育てておけば必ず後につながる。私は常々、「上」になりたいと考えてきた。したがって、受賞したノーベル生理学・医学賞の賞金は、人材育成に効果的に使ってくれる法人などに差し上げたい。

創造性の発現には、相当大量の語彙《ごい》の蓄積が必要だ

中間子論の発表により日本人で最初にノーベル物理学賞を受賞した湯川秀樹（一九〇七〜一九八一年）の言葉である。人は言葉を使って考えを整理している。言葉を知らなければ、思考は深まらない。数学者の藤原正彦先生も、「人間にとって、国語が知的活動の基礎であり、数学を学ぶにしても、まずは国語をしっかり学ぶことが大事である」とおっしゃっている。

先人の跡《あと》を求めず、先人の求めしところを求めよ

俳諧師・松尾芭蕉《ばしょう》（一六四四〜一六九四年）が門人の森川許六《きょりく》（一六五六〜一七一五年）との別れに臨んで与えた空海の『性霊集』にある言葉である。「先人の遺業を追い求めるのではなく、その先人が追求した精神を求めなさい」という意味だ。余談になるが、私が自分のお金で初めて買った掛け軸は野田九浦《きゅうほ》（一八七九〜一九七一年）の『芭蕉』だった。見ていると心が穏やかになる、気の休まる絵だ。

創造開拓

二〇一五年にノーベル賞を受賞した折に、私の出身である山梨県立韮崎高等学校の同窓会が中心になって、学校の門を入って右側の場所にモニュメントを作ってくれた。そのモニュメントの中心に刻んでいただいた、私の座右の銘である。創造と開拓を行うためには、思考するための語彙の集積が必要だ。語彙、すなわち言葉を多く知るには、読書が一番である。新聞を毎日読む習慣なども、有効な語彙の集積に役立つだろう。

学生時代

一、何回読んでも新しく、
また新たな自分を発見できる本を
持つこと

一、会うごとに進んでいる友達を
持つこと

一、終生付き合える趣味を持つこと

一、何事でも相談にのってもらえる師を持つこと

私は、学校での成績はあまり重視する必要はないと考えている。学生時代に成績がよかった人というのは、往々にして「テストで点を何点取る」ということにこだわり、点数稼ぎのために仕事をするようになる。それよりも、学生時代には、よき書物、よき友人、よき趣味、よき師を得る努力をするべきだ。これらは、この上ない人生の宝となり、必ず、社会に出てから本当の勝負に役立つ。

書読《ふみ》めば
昔の人はなかりけり
みな今もある
わが友にして

江戸時代の国学者・本居宣長《もとおりのりなが》（一七三〇～一八〇一年）の歌である。国学者として後世に偉大な業績を残した宣長は、古今の書籍やそこに記された教えについて、身近に感じるほどに深く慣れ親しんでいたのだろう。何か大きなことを為《な》すために、読書がいかに重要かが分かる。

謂《い》う勿《なか》れ
今日学ばずとも　来日有りと
謂う勿れ
今年学ばずとも　来年有りと

中国の思想家で朱子学の大成者・朱熹《しゅき》（一一三〇～一二〇〇年）の詩『勧学文』の出だしの言葉である。人の時間は有限であり、何をしていても、何もしていなくても、流れていく。

大学での勉強は、本に書いていないことを考えることができるようになるためにするものである

大学での成績は六十五点くらいでよいのだ。制度なので最低限の点は取らねばならないが、必ずしも「優」である必要はない。それよりも、自分の好きなことに時間を使った方がよい。

教育とは、学校で習ったことはすべて忘れた後に、残っているところのものである

理論物理学者アインシュタインの言葉である。学生時代のアインシュタインの物理実験の成績は、最低の「1」という評価であったというが、後に彼はノーベル物理学賞を受賞した。実体験を経て知らず知らずのうちに身についたものこそ、真の知識と知恵ということだろう。

人間は一度教わると
その教わったことしか
できなくなる

思想家であり美学者でもあった柳宗悦《むねよし》（一八八九〜一九六一年）が、染色工芸作家の柚木沙弥郎《ゆのきさみろう》（一九二二〜二〇二四年）に贈った言葉とされる。教わり過ぎることは、その人が本来備えていた個性を萎縮させてしまう。

ほどほどに脳に空間を用意することが教育だ

教育において創造性を啓発するためには、生徒に自らの頭で考えさせねばならない。そのためには、生徒たちの脳に「こう教えてもらったが、自分はどう考えるか」という思考実験をする余裕が必要となる。

人の言うことは
半分聞け
あとは自分で考えて行動に移せ
おそらくうまく行かない
しかしそこに独創性が生まれる

創造性は、行動の起点となるアイデアを生み出すもととなる。誰も考えないようなことを考えて、それを物なり形なりにして見せれば、その仕事は必ず評価される。「人のまねは絶対にしない」と絶えず意識していれば、自《おの》ずと創造性は生まれてくる。

正師を得ざれば学ぶに如《し》かず

鎌倉時代の禅僧・道元の言葉である。本当の先生に付かねば、学んだことにならない。下手な師から教育を受けると、本人に悪気がなくても、悪いことが身についてしまう。これは、子育てにおいても注意しておくべきことだろう。子どもは親を見て感じ、親をまねして学ぶ。だから、親は子どもに、「こういうものが人間だ」というところ、すなわち自らが一生懸命に努力する姿を見せてやることが大事だ。

失敗を恐れるな
挑戦しないで
チャンスを逃すことを
恐れなさい

航空機のエンジンや宇宙関連の技術の開発・製造を行うユナイテッド・テクノロジーズ社の経営者だったハリー・グレイ（一九一九～二〇〇九年）の言葉である。私の教え子で教授になった人々が、「今の学生は極度に失敗を恐れてしまう」とよくぼやいている。「失敗は成功のもと」という言葉を知っているだけで、身についていない若い人が多いのかもしれない。若い頃はさまざまな失敗をする。その失敗を反省して繰り返さないようにすれば、失敗は人生の宝となる。グレイの言うように、失敗を恐れるより、挑戦しないでチャンスを逃すことを恐れよう。

いかなる言葉をもってしても真意を十分に伝えることはできない行動を見せて初めて可能になる

自分が思っているほどには、他人は自分を理解してくれていない。そして、自分の思いを伝えるには、百の言葉よりも一つの行動である。とくに難しい仕事に取り組む際には、自らが率先して行動してその仕事に真摯に取り組んでいる姿を見せなければ、人は決して動かない。

教えるということは
ともに希望と夢を語ることだ

先に紹介した吉田松陰は、弟子たちと一緒に生活をしながら、同じ目標に向かって仕事をしていた。そこで私も、郷里の山梨県の生家を改築し、蛍雪《けいせつ》寮《りょう》と名づけた塾を作った。今でもときどきその家に行き、若い人たちと寝食をともにし、研究の発表会や討論をしている。

真の教育とは
技術や知識を
教えることが究極ではなく
品格と教養の涵養に
自ら範を示すとともに
若者の未来を手助けすることで
あると思う

教育者は、志のある人の声に耳を傾け、その願望を叶える方向に力を貸すことを心掛けたい。その際には、細かいことに口出しするのではなく、自らの態度や行動が、若い人たちの将来のためにどうあるべきかを考えねばならない。教員であった私の母は「自身が絶えず研鑽を積み、新しい技術や知識を身につけ進歩し続ける者にこそ、教育者たる資格がある」と言っていた。私はこの言葉を、教育に携わるすべての人に伝えたい。

やってみせ、言って聞かせて、させてみて褒めてやらねば、人は動かじ

海軍軍人であった山本五十六《いそろく》（一八八四〜一九四三年）の有名な言葉である。やってみせる（模範）、言い聞かせる（指導）、させる（実行）、褒める（評価）は、人を動かして育てる要諦である。

美しい自然、篤《あつ》い信仰、奉仕の心、有為な人間を育てる必要条件

美しい自然や芸術が人間をまともにする。これは、古代ローマ時代から言われていることである。人間は感動ができて、喜べるものがあってこそ真の姿となる。文芸評論家の小林秀雄（一九〇二〜一九八三年）は、十九世紀は「文学の時代」、二十世紀は「批評の時代」と言っている。私は、二十一世紀は「心の時代」になると考えている。

徳は孤ならず、必ず隣あり

孔子（紀元前五五二〜紀元前四七九年）の言葉を弟子たちがまとめた『論語』にある一節。孔子は、釈迦、キリスト、ソクラテスと並ぶ四聖の一人である。徳のある者は孤立することがなく、何事も必ず心掛けを同じくする有徳な人が現れて助けてくれるということだ。徳は、人間がことを成就するために大切なものである。知識、知能、技術などは付属的な要素であり、それらが豊富に身についている人も、徳がなければそれを世の中に役立てることができない。徳がない者は何をやっても成功しないものだ。

心の免疫力《リジリエンス》

米国コロンビア大学で教鞭をとる臨床心理学者のジョージ・A・ボナノ博士が定義した言葉である。極度に不利な状況に直面してもその変化に最もよく適応し、正常な平衡状態を保つことができる能力のことをいう。芸術には人間にこの「心の免疫力／リジリエンス」を与えるパワーがあると、私は考えている。

民に利器多くして国家ますます昏《みだ》る

中国春秋時代の哲学者・老子の言葉といわれている。文明が進んで便利な道具が増えるほど社会はますます乱れると言っている。二千数百年も前の哲学者の戒めは、今の世にもあてはまる。たとえば、ここ十数年で社会に急速に普及したスマートフォンやタブレットは、人々をそれらに依存させ、紙上の活字から遠ざけ、人が本来持っている想像力とコミュニケーション能力を劣化させた。これらの文明の利器を悪用した犯罪とそれを防ぐための心得などがテレビなどで報じられているが、それらが起こる原因を明らかにし、正すことに、人、特に現代科学者は叡智《えいち》を結集すべきだろう。

知識は過去の遺産であり、未来を開くのは知恵である

私の哲学である。知識と知恵はちがう。知識はすでに外にあり、我々が吸収するものだ。一方で知恵は、知識を土台にしつつ、新しく自分で考えつき、課題を解決するために働かせるものである。知識と知恵のバランスがあって初めて、人間はよい仕事ができる。今までの日本は、大学入学のための筆記試験などに代表されるように、どちらかといえば知識を重視していた。しかし、知識を詰め込み過ぎるとかえって知恵は出なくなり、これではバランスが悪い。

人間が大きく飛躍する機会は
いつも生活の身近なことのなかにある、
高遠な理想にとりつくよりも
実際には一皿の焼き味噌のなかに
真実をかみ当てるものだ

作家・山本周五郎（一九〇三〜一九六七年）の『尾花川』という作品の中にある言葉である。子どもを成長させるきっかけはほんの身近にあるものだ。こういうことを考えないで、「大切なものはどこか遠くにある」という気持ちでいてはいけない。東京一極集中といわれて久しいが、私はこれからの日本は地方から大物が生まれるのではないかと期待している。多くのものが集まっている東京に住んでいると、いつでもなんでも手に入るような気になってしまうが、それでは駄目なのだ。

学問は必ず
いちどその範疇《はんちゅう》の中へ人間を閉じこめる、
その範疇を打開することが
修業の第一歩であろう、
頭の中からまず学問を叩き出すがよい、
跼蹐《きょくせき》たる壺中《こちゅう》からとびだして、
空闊《くうかつ》たる大世界へ心を放つのだ、
窓を明けろ……

山本周五郎の『荒法師』にある条《くだり》である。四十年ほど、研究者と経営者という二足のわらじで昼夜を問わず仕事に明け暮れた結果、ついに私はめまいに襲われて入院するはめになった。その後、療養を兼ねて二週間ほど、絵を描いたり買い込んでいたいくつかの専門外の本を楽しんだり気の置けない友人とゴルフをしたりして、気が赴くままの生活をした。すると面白いことに、自分のこれまでの研究をはじめとする仕事のこと、現在の懸案事項、将来に向けての研究や事業展開などが実に整然と脳裏に描かれてきたのだった。頑張った後の休養が、窓を開けることを知った。

感動を呼ぶのは
その人の努力の結果である

オリンピック関係のテレビ番組を観て、思ったことである。スポーツの素晴らしさは、日頃の努力の成果を競うその姿にある。それは、努力の素晴らしさを知ることにもつながる。

スポーツは結局は自分との勝負なのだ

スポーツでは、高いレベルの中に身を置くことが技術の向上につながる。しかし、そこからさらに一歩を超えることは、自分自身の創意工夫によってのみ為《な》される。私は、それを学生時代に取り組んでいたスキーから学んだ。

食育《しょくいく》

明治期の医師であり薬剤師でもある石塚左玄《いしづかさげん》（一八五一～一九〇九年）が一八九六年に出版した『化学的食養長寿論』の中で初めて使った言葉である。左玄は、「人は毎日食べている食物によって健康を保っている」として、食べ物や栄養について学ぶことの重要性を説いた。日本は、二〇〇五年に食育基本法を制定して食育という科目を作り、学校栄養職員に教員の資格を与えた栄養教諭制度をスタートさせた。食育という授業をしている国は世界で日本のみである。学校給食という子どものランチを調理し、出来たてを食べる。これは、日本のソフトパワーとして世界に冠たる教育でもあるだろう。

我以外《われいがい》皆《みな》我師《わがし》

『鳴門秘帖』『宮本武蔵』『新・平家物語』『私本太平記』など多数の著作がある作家の吉川英治（一八九二〜一九六二年）の言葉である。よりよい成果を得るためには、あらゆるものから得られる知識を自分の仕事に活かそうとする貪欲さが必要だ。

是非の初心を忘るべからず
時々《じじ》の初心を忘るべからず
老後の初心を忘るべからず

室町時代初期の能役者・世阿弥《ぜあみ》（一三六三年頃～一四四三年頃）の言葉である。有名な能楽論『花鏡《かきょう》』の最後に紹介され、いわゆる「初心忘るべからず」の基になった一文であり、単に昔の自分を忘れないというだけでなく、老後に至るまで常に研鑽を積むべしという教訓を伝えている。

人のためになることを考えてやりなさい

子ども時代、祖母から繰り返し教えられた言葉である。私は、研究の分かれ道が来るたびに、この言葉を思い出して判断を下してきた。何か一つでも人のためになることができないかを考えて、微生物が持っている能力をなんとか引き出す方法を求め続けてきたのだった。

国家が国際的に
安定していないからといって
直ちに国家、国家と騒ぎ立ててはならない
騒ぎ立てる前に
人物を作っておけば
いざというとき
その人たちが立つであろう

グローバル化時代における人材育成の大切さを説いた、夏目漱石（一八六七〜一九一六年）の『私の個人主義』にある言葉を私なりに要約した。資源に恵まれない日本が国際社会で存在感を示し続けるには、頭脳で勝負する科学技術創造立国を目指すよりほかに道はない。次世代の人材育成を怠れば、先はないのだ。日本の将来に大きな影響を与えることのできる人材を、地方、特に私の故郷である山梨から育てたいと思っている。

国際社会に生きる

一、仕事や趣味など、
個人の特色を持つこと

二、自分の考えをはっきりと主張でき、
また人の話を聞けること

三、日本の文化に誇りを持ち、
学び、伝承すること

日本人が国際人であるためには、欧米の物まねをしていては駄目だ。国民の一人ひとりが、個性と創造性を尊び、これを育む社会を創っていくことの重要性を自覚せねばならない。日本人として誇れる文化に関する素養があり、芸術や歴史など、我が国の伝統あるものをちゃんと認識し、そういうものについても語り、楽しむことのできる見識を持つ必要がある。日本古来のものも含めた幅広い知識やたしなみをも身につけて、初めて「国際人」となるのだ。

形あるものは壊れる
生あるものは死す
よい言葉は人の心に残り
生き続ける

おわりに

私の「腹中有書」から選りすぐった言葉を一冊の本にまとめた。本書は私のこれまでの人生の集大成となったと思う。

私の人生を都度よい方向に導いてくれた言葉たち。それらを発したり書に綴って遺してくれたりした人々に、感謝をしたい。

美しい自然の中で私を育ててくれた祖母と両親。私に助言をくださり知識や技術を授けてくださった恩師の方々。研究で一緒に汗を流してくれた北里研究所の研究員をはじめとする多くの人たち。みなさんに心から感謝を申し上げる。

私の半世紀以上にわたる研究生活は、常に家族にも支えられていた。

特に、私が研究に専念し、与えられた役目を果たしてこられたのは、今は亡き妻・文子のおかげでもある。文子に、心より感謝をしている。

また出版社の方々を含め、本書の刊行にあたってご尽力いただいた多くの人たちに、お礼の気持ちをお伝えする。

これまでの数々の出会いと続いた縁に思いを馳せつつ、筆をおく。

精いっぱい生きて人の何倍も仕事をしてきたと思えば、百年以上も生きたことになろう。これからは天からいただく余命であり、日々新たな想いの中で年を重ねていきたい。

二〇二四年七月

大村　智

経歴

1954年3月　山梨県立韮崎高等学校卒業
1958年3月　山梨大学学芸学部自然科学科卒業
1958年4月　東京都立墨田工業高等学校教諭（〜1963年3月）
1963年3月　東京理科大学大学院理学研究科修士課程修了
1963年4月　山梨大学工学部発酵生産学科文部教官助手（〜1965年3月）
1965年4月　社団法人北里研究所入所　技術補
1968年9月　薬学博士号取得（東京大学）
1968年10月　北里大学薬学部助教授（〜1975年3月）
1970年10月　理学博士号取得（東京理科大学）
1971年9月　米国ウエスレーヤン大学研究客員教授（〜1973年1月）
1975年4月　北里大学薬学部教授（〜1984年6月）
1981年5月　社団法人北里研究所監事（〜1984年5月）
1984年5月　社団法人北里研究所理事・副所長（〜1990年6月）
1985年5月　社団法人北里学園理事（〜2003年6月）
1990年6月　社団法人北里研究所理事・所長（〜2008年6月）
1991年12月　ハンガリー国立ラヨス・コーシュス大学名誉理学博士
1993年2月　学校法人女子美術大学理事（〜1997年1月）

１９９４年５月　ウエスレーヤン大学名誉理学博士
１９９７年３月　学校法人女子美術大学理事長（～２００３年５月）
２００１年４月　北里大学北里生命科学研究所教授（～２００７年３月）
２００１年４月　北里大学北里生命科学研究所所長（～２００３年３月）
２００２年３月　北里大学大学院感染制御科学府教授（～２００７年３月）
２００２年10月　21世紀ＣＯＥプログラム「天然素材による抗感染症薬の創薬と基盤研究」拠点リーダー（～２００７年３月）
２００５年３月　米国ウエスレーヤン大学 Max Tishler Professor（～現在）
２００５年４月　山梨県総合理工学研究機構総長（～２００７年３月）
２００７年４月　北里大学名誉教授（～現在）
２００７年４月　北里大学北里生命科学研究所
天然物創薬推進プロジェクト・スペシャル・コーディネーター（～現在）
２００７年４月　学校法人女子美術大学理事長（～２０１５年５月）
２００８年４月　学校法人北里研究所名誉理事長（～２０１２年６月）
２０１３年３月　北里大学特別栄誉教授（～現在）
２０１５年６月　学校法人女子美術大学名誉理事長（～現在）
２０１６年７月　学校法人北里研究所相談役（～現在）

２０２１年３月　公益財団法人日本ワックスマン財団理事長（～現在）
２０２３年６月　日本エッセイスト・クラブ会長（～現在）

受賞・受章・栄誉

1985年6月	ヘキスト・ルセル賞（米国微生物学会）
1986年4月	日本薬学会賞（日本薬学会）
1989年3月	上原賞（上原記念生命科学財団）
1990年6月	日本学士院賞（日本学士院）
1991年8月	チャールズ・トム賞（米国工業微生物学会）
1992年4月	紫綬褒章
1992年5月	フランス国家功労勲章シュバリエ章（フランス）
1992年11月	ドイツ科学アカデミーレオポルディナ会員
1995年4月	米国工業微生物学会功績賞（米国工業微生物学会）
1995年6月	藤原賞（藤原科学財団）
1995年9月	日本放線菌学会特別功績功労賞（日本放線菌学会）
1997年11月	ローベルト・コッホ金牌（ドイツ、ローベルト・コッホ財団）
1998年1月	プリンス・マヒドン賞（タイ）
1999年4月	米国国立科学アカデミー外国人会員
2000年3月	ナカニシ・プライズ（日本化学会・米国化学会合同）
2001年12月	日本学士院会員
2002年3月	フランス科学アカデミー外国人会員

2002年11月　山梨県県政特別功績者
2005年3月　アーネスト・ガンサー賞（米国化学会）
2005年10月　中国工学アカデミー外国人会員
2007年4月　ハマオ・ウメザワ記念賞（国際化学療法学会）
2008年6月　平成20年度発明奨励功労賞（社団法人発明協会）
2008年10月　レジオン・ドヌール勲章（フランス）
2010年6月　テトラヘドロン賞（エルゼビア社）
2011年6月　瑞宝重光章
2011年9月　アリマ賞（国際微生物連合）
2012年11月　文化功労者
2013年1月　山梨県韮崎市名誉市民
2013年7月　ノーマン・R・ファルンスワース研究業績賞（米国生薬学会）
2014年10月　カナダ・ガードナー国際保健賞（ガードナー財団）
2015年1月　朝日賞（朝日新聞社）
2015年11月　文化勲章
2015年12月　ノーベル生理学・医学賞
2015年12月　区民栄誉章（東京都世田谷区）

2015年12月　東京都栄誉賞（東京都）
2016年10月　名誉都民（東京都）
2016年10月　名誉区民（世田谷区）
2018年6月　英国セント・アンドリュース大学名誉理学博士
2022年1月　岡山大学名誉博士
2022年4月　日本学術会議栄誉会員　　　等

大村《おおむら》　智《さとし》

化学者。日本エッセイスト・クラブ会長。１９３５年（昭和10年）７月12日、山梨県韮崎市生まれ。北里大学特別栄誉教授、学校法人女子美術大学名誉理事長、韮崎大村美術館館長。微生物の生産する天然有機化合物の研究を専門とし、50年以上の研究生活を通して約５２０種類の新規化合物を発見。うち26種類が医薬、動物薬、研究用試薬として実用化され、感染症などの予防や撲滅、さらに生命現象の解明などに貢献している。そのうちの一つであるイベルメクチンは、オンコセルカ症（河川盲目症）やリンパ系フィラリア症、糞線虫症、疥癬といった寄生虫感染症の多くを予防・治療する特効薬となった。その業績が評価され、２０１５年、イベルメクチンを共同で開発した米国メルク社のウィリアム・キャンベル博士とともにノーベル生理学・医学賞を受賞。著書に『人をつくる言葉』『人間の旬』（ともに毎日新聞出版）、『ストックホルムへの廻り道　私の履歴書』（日本経済新聞出版社）、『縁尋機妙』（致知出版社）などがある。

撮影　安部まゆみ
装幀・本文デザイン　木村美穂（きむら工房）
校正　有賀喜久子
構成　大谷智通

まわり道《みち》を生《い》きる言葉《ことば》

二〇二四年七月十八日　第一刷発行

著者　大村《おおむら》　智《さとし》

発行者　碇　高明
発行所　株式会社草思社
〒一六〇－〇〇二二
東京都新宿区新宿一－一〇－一
電話　営業　〇三（四五八〇）七六七六
　　　編集　〇三（四五八〇）七六八〇

本文・付物印刷　中央精版印刷株式会社
製本所　中央精版印刷株式会社

ISBN978-4-7942-2728-7 Printed in Japan 検印省略

ご意見・ご感想は、
こちらのフォームからお寄せください。
https://bit.ly/sss-kanso